Guía para amantes das mascotas PERIGOSAS

Versión

DRAGÓNS

Lindsay Hirst  Picarona Alice McKinley

Ola valoroso lector, **benvido**
á (única e) inigualable

Guía das mascotas perigosas

A información que atoparás aquí será
todo o que precises saber para
coidar a túa **aterradora** besta.

De todas as mascotas perigosas do mundo,
escolliches á MÁIS feroz de todas.odas.

Si...

Imaxe 1
Ovo

CARNÉ DA BIBLIOTECA

TÍTULO:

AUTOR:

DATA | NOME

O DRAGÓN

Os dragóns teñen fama de ser mexeriqueiros e difíciles.
Porén, se segues estas instrucións sinxelas pero importantes,
talvez logres converter o teu nunha mascota cariñosa
e (case) amigable.

ATOPANDO O TEU DRAGÓN

Hai moitas formas de ter un dragón, algunhas máis perigosas ca outras.

Por iso, pensa con cautela onde e como atopar o teu.

DEMASIADO MALO

DEMASIADO FRÍO

DRAGÓNS DO PANTANO

SI!

OVOS EN ADOPCIÓN

Ademais, POR FAVOR, adóptaos cando aínda son bebés. Os adultos son uns mexericas (e moi peideiros).

NOTA: os bebés dragóns tamén soltan peidos, pero cheiran MOITO MELLOR.

ALOXANDO O TEU DRAGÓN

Todas as razas de dragón son diferentes.

Hainas **GRANDES**...

e pequenas.

Unhas son **Tranquilas**...

e outras aloucadas.

Escolle unha que encaixe ben, e non moleste demasiado os veciños.

NOTA: As aloucadas e grandes son PERFECTAS se vives só na montaña ou nunha ILLA deserta.

CONECTANDO CO TEU NOVO COMPI

Se tes sorte, será amor a primeira vista.

Emporiso, a maioría precisa tempo e esforzo para conectar co seu dragón.

Intenta descubrir que lle gusta e desgusta á túa mascota...

e lembra SEMPRE manter a calma e ser agradable.

NOTA:
É unha boa idea ter o extintor a man en todo momento.

EXTINTOR

NON anoxes o teu dragón.

ALIMENTACIÓN

Os dragóns adoran cazar, así que o mellor é que lle agoches a comida para que a busque. Iso será moi divertido para el e máis para ti!

Chístalles moito a carne,

polo que debes mercala con regularidade na túa carnicería de confianza.

Isto evitará comportamentos **non desexados.**

ENFRONTARSE A HÁBITOS COMPLICADOS

Os dragóns teñen un montón de hábitos complicados,
pero os máis problemáticos son:

coleccionar obxectos brillantes... e botar lume polas fauces.

Non permitirlle ter
algo brillante   =   dragón anoxado   =   botar lume pola gorxa.

É moi sinxelo: NON anoxes o teu dragón, Agocha todos os obxectos brillantes
e dállos só coma recompensa dun bo comportamento.

ALEXO,
O DRAGÓN

PAPÁ

Os dragóns **adoran** acumular tesouros,

así que dálle un espazo para que use de gorida.

Facendo isto, os dragóns

son felices e acougados.

ASEAR E BAÑAR O TEU DRAGÓN

Aos dragóns non lles gusta a auga, así que fagas o que fagas...

NON intentes bañar o teu.

Repito: NON intentes bañalo.

TEMPO DE OCIO

Tras conectar co dragón, é tempo de divertirse con algúns xogos sinxelos.

O seu xogo favorito é a pilla (encantaralle ir tras de ti).

Os dragóns teñen MOI mal perder, así que, a menos que queiras demostrar a túa valentía, lembra **deixalos gañar!**

NOTA: Por favor, NUNCA te achegues silenciosamente a un dragón cando NON estades a xogar (ver enfrontarse a hábitos complicados)

EXERCICIO

Os dragóns teñen as,
polo que poden saír voando
(e o farán) en calquera momento.

É un bo exercicio
para eles.

Algúns non irán demasiado lonxe e volverán cando os chames,
pero pode que outros teñan ganas de aventura.

Sentiraste triste e só cando o teu dragón non regrese,
pero **intenta** non preocuparte.

Talvez queiras poñer algúns carteis...

ou contactar co Departamento de Mascotas Perigosas Perdidas.

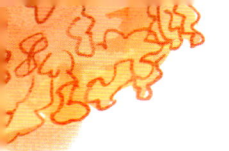

Pero, aparte diso, só queda
agardar...

... e agardar.

E SE seguiches estas importantes directrices,
entón un día...,

é probable que descubras que o teu mellor compañeiro volve a casa de novo

porque realmente, **botábate** en falta.

Fig. 1
Unha rede (para atrapar os pequerrechos)

Fig. 2
Un aperitivo.

Fig. 3
Para o avistamento.

Fig. 8
Unha corda.

Fig. 7
Extintor (xa sabes, ... polas laparadas).

APAGA-LUNES

GUÍA DOS DRAGÓNS

Fig. 9
Un agasallo.

Fig. 12
O libro.

Fig. 15
Obxecto brillante.

Fig. 16
SALCHICHAS.